BEI GRIN MACHT SICH IHR WISSEN BEZAHLT

AF145432

- Wir veröffentlichen Ihre Hausarbeit,
  Bachelor- und Masterarbeit

- Ihr eigenes eBook und Buch -
  weltweit in allen wichtigen Shops

- Verdienen Sie an jedem Verkauf

Jetzt bei www.GRIN.com hochladen
und kostenlos publizieren

Bibliografische Information der Deutschen Nationalbibliothek:

Die Deutsche Bibliothek verzeichnet diese Publikation in der Deutschen National-
bibliografie; detaillierte bibliografische Daten sind im Internet über http://dnb.d-
nb.de/ abrufbar.

Impressum:

Copyright © 2018 GRIN Verlag
Druck und Bindung: Books on Demand GmbH, Norderstedt Germany
ISBN: 9783668766396

Dieses Buch bei GRIN:

https://www.grin.com/document/435332

Philipp Zerna

Ein historischer Überblick zum Thema Führung

GRIN Verlag

GRIN - Your knowledge has value

Der GRIN Verlag publiziert seit 1998 wissenschaftliche Arbeiten von Studenten, Hochschullehrern und anderen Akademikern als eBook und gedrucktes Buch. Die Verlagswebsite www.grin.com ist die ideale Plattform zur Veröffentlichung von Hausarbeiten, Abschlussarbeiten, wissenschaftlichen Aufsätzen, Dissertationen und Fachbüchern.

Besuchen Sie uns im Internet:

http://www.grin.com/

http://www.facebook.com/grincom

http://www.twitter.com/grin_com

Leadership

- Historischer Überblick: Führung -

Philipp Zerna

Leadership Management

International Management (M.A.)

Aufgabenstellung:

Erstellen eines historischen Überblicks zum Themenfeld Führung:

Kurze Beschreibung der wesentlichen Meilensteine zum Thema Mitarbeiter-Führung. (von W. Taylor zu modernen „Leadership Ansätzen"), sowie ausführlichere Bearbeitung einer ausgewählten Führungstheorie bzw. -ansatzes.

Inhaltsverzeichnis

Abbildungsverzeichnis

1. Einleitung

Ein altes arabisches Sprichwort besagt, dass ein Heer von Schafen, das von einem Löwen geführt wird, ein Heer von Löwen schlägt, das von einem Schaf geführt wird.[1]

Diese Aussage unterstreicht die substanzielle Bedeutsamkeit erfolgreicher Führung. Nunmehr seit Menschen Gedenken gilt das Führungsphänomen als unerlässlich, wenn es darum geht Heerscharen zu leiten und Personen eine Richtung zu weisen. Als Kern aller sozialen Strukturen ist sie als individuelle Variabel definiert, die neben Kameradschaftsgeist auch Zielmotivation anstrebt.[2]

Noch heute bringt der Berufsalltag immer wieder neue, innovative Führungsansätze zum Vorschein, mit dem Ziel Mitarbeiterführung zu revolutionieren. Im Folgenden werden maßgebliche Führungstheorien des 20. Jahrhundert aufgelistet und reflektiert: Beginnend mit dem Taylorismus um 1911 und abschließend mit Zukunftsprognosen der Führungsentwicklung.

Grundsätzlich werden traditionelle und moderne Führungsansätze unterschieden, die folgende Subtheorien aufweisen:

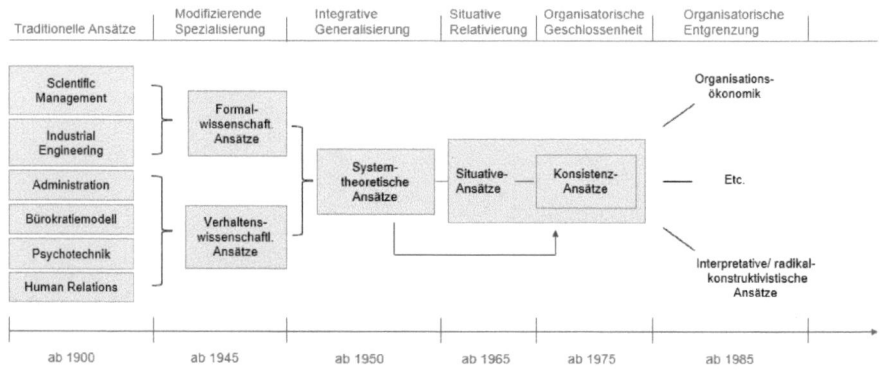

Abbildung 1: Historische Entwicklung des Managementwissens[3]

---

[1] BUCHENAU (2017): 227.
[2] HENTZE, KAMMEL, LINDERT (1997): 27.
[3] Eigene Darstellung in Anlehnung an STAEHLE (1999): 22.

2. Traditionelle Führungsansätze

2.1. Scientific Management (1911)

Frederick Winslow Taylor (1856-1915) glaubte an unternehmerischen Erfolg durch die Etablierung einer wissenschaftlichen Herangehensweise im Management. Er gilt als Pionier der wissenschaftlichen Erforschung des Managements und publizierte seine Analysen und Studien zu Arbeit und Management 1911 unter dem Titel „ThePrinciples of Scientific Management". Die darin beschriebene, revolutionäre Denkweise des Managements setzt einen rationalen Einsatz von Maschinen und Personal voraus um die Produktivität menschlicher Arbeit zu maximieren, da es Taylors Annahme war, dass der Mensch grundsätzlich dumm, faul und arbeitsscheu ist. Dafür bedarf es einer Teilung der Arbeit in kleinste Einheiten und eine Differenzierung von Akkordsätzen. Dieses neue Leistungs- und Effizienzdenken hat das Ziel Mitarbeiter durch monetäre Anreize zu mehr Leistung zu bewegen und gleichzeitig die Gewinne des Unternehmens zu maximieren. Hierbei fungiert das Management als Instruierungs- und Kontrollorgan, das mittels Macht und Autorität sein Personal antreibt.[4]

2.2. Industrial Engineering (1913)

Frank B. Gilbreth, prominentester Schüler Frederick W. Taylors, gilt mit Henry L. Gantt und Carl G. Barth als Begründer des Industrial Engineering. Basierend auf Bewegungs- und Zeitstudien beschäftigt es sich mit produktionsbezogenen Kernprozessen. Hierbei steht die Arbeitsgestaltung, mit Planung und Optimierung von Produktionsprozessen im Mittelpunkt der Überlegung. Wie bereits das Babbage-Prinzip, formuliert von Charles Babbage, 1832, fokussiert sich das Industrial Engineering auf die Aufspaltung des Arbeitsprozesses in unterschiedliche anstrengende und anspruchsvolle Teilprozesse. Schließlich ist es der Automobilhersteller Henry Ford (1913) der mittels Produktionsstandardisierung tayloristische Vorstellungen und das Babbage-Prinzip weiterentwickelte. Durch die Rationalisierung des industriellen Fertigungsprozesses bei Massenproduktion ermöglichte er erstmals eine hohe Mechanisierung der Produktion durch Fließfertigung.[5]

---

[4] STAEHLE (1999): 23-24.
[5] STAEHLE (1999): 24-26.

2.3. Administrative Führungsansätze (1916)

Erstmals gezielt die Analyse der gesamten Organisation betreffend, begründete Henry Fayol in seinem 1916 erschienenen Werk 'Administration industrielle et générale' administrative Führungsansätze. Darin sprach er von existieren Analogien in sämtlichen Organisationen im Management. Demnach ließen sich 5 Teilbereiche erkennen, die universell im Management vorzufinden sind:

- Vorschau und Planung
- Organisation
- Leitung
- Koordination
- Kontrolle

Des Weiteren postulierte Fayol allgemeingültige Managementprinzipien wie Ordnung, Disziplin, angemessene Entlohnung des Personals und eine klare Rangordnung innerhalb der Organisation. Im Sinne des Unternehmens empfiehlt Fayol einen stabilen Führungskader und eine einheitliche Leitung, welche heutzutage ebenfalls unter dem Prinzip der Einheit der Auftragserteilung bekannt ist.[6]

2.4. Bürokratiemodell (1922)

Der deutsche Nationalökonom und Soziologe Maximilian Carl Emil Weber gilt als erster Kundgeber des bürokratischen Ansatzes mit seiner Publikation „Wirtschaft und Gesellschaft" im Jahr 1922. Darin beschäftigte er sich maßgeblich mit dem Phänomen der bürokratischen Herrschaft, die Weber zu Folge, die reinste und rationalste Form der Herrschaft darstellt, da sie sich deutlich von traditionellen und charismatischen Herrschaftsformen distanziert.

In bürokratischen Organisationen unterliegen Betriebe streng hierarchischen Strukturen und spezialisierten Aufgabenbereichen, weshalb klar formulierte Amtskompetenzen und Fachqualifikationen benötigt werden. Zusätzlich gibt es technische Regeln und Normen, die die Amtsführung durch Beamte klar definieren und begrenzen. Auf Grund dieser Eigenschaften stellt

---

[6] HEINEN (1984): 146.

eine Behörde für Weber die idealtypische Form der Bürokratie dar. Die Führungskraft übernimmt hierbei die Rolle des Verwalters und Organisators.[7]

2.5. Psychotechnik (1914-1924)

Der Ausdruck „Psychotechnik" vereint neben psychologischen auch physiologische und ergonomischen Faktoren, die sich auf die Leistung des Personals auswirken. Als wesentliche Erkenntnisse physiologisch-psychologischer Ansätze sind zu nennen: die Maximalleistung eines jeden Arbeiters ist zeitlich begrenzt und die Arbeitsleistung wird durch psychische Faktoren beeinflusst. Um genannten Annahmen entgegenzuwirken entstanden Forschungsbereiche der Ergonomie, mit dem Schwerpunkt körpergerechter, optimaler Arbeitsbedingungen und eine grundsätzliche Lehre der Menschenbehandlung.

Als Ursprung der industriellen Anwendbarkeit von psychologischen Forschungsergebnissen gilt Hugo Münsterberg, unter dem sich diese, 1914, zu einem festen Bestandteil des damaligen Managementwissens in den USA etablierte. Inhalt dessen war es beispielsweise, dass mittels einer systematischen Berücksichtigung psychologischer Faktoren beim Arbeitenden eine schnelle und kostengünstige Aufgabenbewältigung zu erreichen sei.

Charles Samuel Myers war es schließlich, der durch Ermüdungsstudien den Einfluss von äußeren Faktoren wie Beleuchtung, Lärm und Arbeitszeit auf Produktivität, Ermüdung und Qualität der Arbeit 1924 abschließend eruierte.[8]

2.6. Human Relations (1924-1934)

Sozialpsychologische und soziologische Ansätze formulieren die Führungstheorie „Human Relations". Grundlage hierfür sind die so genannten „Hawthorne Experimente", die diverse empirische Studien beinhalten und von George Elton Mayo und Fritz J. Roethlisberger von 1924 bis 1932 durchgeführt wurden. Diese riefen das Ergebnis von unerwarteten Produktivitätsänderungen hervor, die sich mit tayloristischen Annahmen nicht erklären ließen.

Bei der Untersuchung von Arbeitsgruppen 1931 beobachteten die Forscher einen progressiven Einfluss informeller Beziehungen auf Arbeitsleistung der Mitarbeiter, wie etwa Freundschaftsbeziehungen, die sich auch über Arbeitsgruppen hinweg fortsetzten. Von da an galt der

---

[7] STAEHLE (1999): 29.
[8] STAEHLE (1999): 31-32.

informelle Einflussfaktor nicht mehr als Stör- sondern als wirtschaftlicher Erfolgsfaktor. Daraus entstand die „Human Relations Bewegung", die nunmehr auch Zufriedenheit und Emotionalität der Arbeitnehmer als Führungskomponente betrachtete. Innerhalb der Human Relations Ansätze entspricht die Rolle der Führungskraft der des Motivators und Antreibers.[9]

3. Moderne Führungsansätze

3.1. Formalwissenschaftliche Ansätze (1938)

Formalwissenschaftliche Ansätze, auch bekannt als Management Science oder Operations-Research, fallen unter die Rubrik „Modifizierende Spezialisierung" und tritten erstmals als OR-Verfahren im militärischen Bereich1938 in GB und 1940 in den USA auf. Mittels mathematischen Entscheidungsmodellen wird hierbei versucht Managementprobleme zu lösen und eine optimale, zufriedenstellende Entscheidung zu treffen.

Mit Hilfe damals aktuellster Techniken, wie der Netzplantechnik, Programmierung, Spieltheorie und Simulationsverfahren erhoffte man sich Optimierungsprobleme gänzlich zu lösen.[10]

3.2. Verhaltenswissenschaftliche Ansätze (1939)

Als Grundlage der verhaltenswissenschaftlichen Führungsansätze gilt die Human Relations Bewegung, die sowohl das menschliche Verhalten in und bedingt durch Organisationen, als auch das Führungsverhalten per se, in den Vordergrund rückten. Demzufolge wurden gezielt Führungsverhalten analysiert und durch diverse Forschungsprojekte untersucht welchen Einfluss diese auf Arbeitsproduktivität der Betroffene haben.

Lewin, Lippit und White waren es schließlich, die 1939 in ihren Arbeiten erstmals Führungsstile aktiv untersuchten und differente Typen definierten. An der Child Welfare Station der University of Iowa führten sie Experimente durch um die Wirkung verschiedener Führungsverhalten von Erwachsenen auf das Verhalten von Kindern bei Bastelarbeiten zu untersuchen. Dabei wurden folgende Führungsstile unterschieden:

- Autoritäre Führung: Dieser Führungsstil kennzeichnet sich durch den alleinigen Entscheidungsspielraum des Vorgesetzten. Er erwartet absolute Gehorsam von seinen

---

[9] SCHERM, PIETSCH (2007): 20-21.
[10] GERDTS, LEMPIO (2011): 1.

Mitarbeitern und besitzt Handlungsvollmacht in den Bereichen Kontrolle und Planung der Arbeitsorganisation. Bei autoritärer Führung ist oftmals eine große Distanz zwischen der Führungs- und Mitarbeiterebene zu beobachten.

- Demokratische Führung: Die demokratische Führung kennzeichnet sich durch einen Führenden, der als Initiator und Aktivator fungiert. Er beteiligt seine Mitarbeiter bei Entscheidungsprozessen und berücksichtigt Ideen, Wünsche und Anregungen der Gruppenmitglieder.

- Laissez-faire-Führung: Hierbei haben die Mitarbeiter völlige Aktionsfreiheit, betreffend Entscheidungen, Kontrolle, sowie Arbeitsorganisation und Interaktionsbeziehungen. Der Vorgesetzte greift nicht in den Handlungsprozess der Gruppe ein, sondern stellt seinen Mitarbeitern lediglich sachliche Arbeitsbedingungen bereit.

Diese Studie veranschaulichte erstmals, dass die Anwendung unterschiedlicher Führungsstile verschiedene Auswirkungen auf Mitarbeiter und deren Arbeitsmoral und Leistung haben. So erwies sich der autoritäre Führungsstil als am effizientesten um Arbeitsquantität zu steigern. Hingegen beim demokratischen Führungsverhalten beobachtete man eine gesteigerte Motivation der Kinder, die möglicherweise mit der am Ende höheren Arbeitsqualität korrelierte. Außerdem war in diesem Fall das Wohlbefinden der Kinder am größten, was sich in allgemeiner Zufriedenheit bemerkbar machte. Die Folge des Laissez-faire Führungsstils war es jedoch, die zu einer schlechten Organisation der Probanden und Anzeichen von Frustration, Aggression und Entmutigen führte.[11]

Die Arbeiten von Lewin, Lippit und White bildeten fortan den Grundsteil für vielerlei empirischer Forschungsprojekte in neu gegründeten Organisationen, wie etwa dem Institue for Social Research-ISR 1948 an der Michigan University. Durch den neu gesetzten Fokus rückte 1950er und 1960er Jahren vermehrt das Individuum in den Mittelpunkt der Forschungsarbeiten und Führungslektüren. Neben March und Simon, die in den 1960er Jahren die ‚Behavioral Theory of the Firm' publizierten, veröffentlichte der renommierte Psychologe Abraham

---

[11] BERTHEL; BECKER (2013): 173-174.

Harold Maslow 1954 sein Werk „Motivation und Personality" und 1965 „Eupsychian Management".[12]

Nunmehr unterschied man auf Basis der Iowa-Studien zwischen eindimensionalen und zweidimensionalen Führungsansätzen. Der eindimensionale Ansatz charakterisiert sich dadurch, dass eine Einflussgröße, wie etwa das Ausmaß der Mitarbeiterbeteiligung an Entscheidungsprozessen, den Führungsstil bestimmt. Man spricht von einem zweidimensionalen Führungsansatz, wenn zwei Einflussgrößen vorhanden sind: Mitarbeiter- und Aufgabenorientierung.[13] Im Folgenden wird als Beispiel für den eindimensionalen Führungsansatz das Führungskontinuum von Tannenbaum und Schmidt von 1958 erläutert, als Exempel für den zweidimensionalen Ansatz das Verhaltensgitter, auch bekannt unter „Managerial Grid" von R. R. Blake und J. S. Mouton, aus dem Jahr 1964.

3.2.1 Eindimensionale Führungsansätze

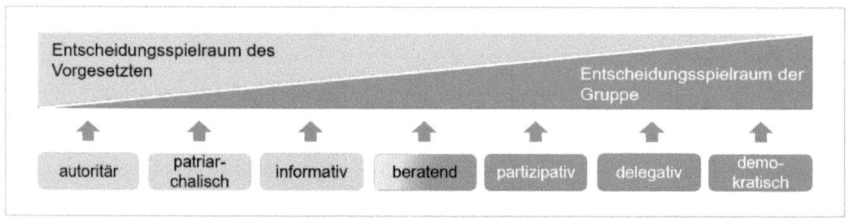

Abbildung 2: Führungskontinuum nach Tannenbaum & Schmidt[14]

Das Führungskontinuum von Tannenbaum und Schmidt wurde 1958 im Harvard Business Review veröffentlicht und bildet eine Typologisierung der Führungsstile ab. Hierbei werden folgende Führungsverhalten unterschieden:

- **Autoritär:** Wie bereits von Lewin, Lippit und White erläutert, entscheidet die Führungskraft ohne Fremdeinwirkung und unterrichtet seine Mitarbeiter über Anordnungen und Entscheidungen.

- **Patriarchalisch:** Auch in diesem Fall entscheidet der Vorgesetzte alleine, versucht jedoch sein Arbeitspersonal von seinen Entscheidungen zu überzeugen.

---

[12] STAEHLE (1999): 38-39.
[13] KNECHT (2011): 75-76.
[14] Eigene Darstellung in Anlehnung an BERTHEL; BECKER (2013): 174.

- **Informativ:** Beim informativen Führungsstil entscheidet die Führungskraft ohne die Mitwirkung seines Mitarbeiterteams, ermutigt es dennoch Fragen zu seiner Entscheidung zu formulieren um durch deren Beantwortung die Akzeptanz der Entscheidung hervorzurufen.

- **Beratend:** Die Führungskraft präsentiert seinen Mitarbeitern seinen Entscheidungsentwurf, lässt sich jedoch erst ihnen konsultieren bevor er endgültig entscheidet.

- **Partizipativ:** Der Vorgesetzte erläutert das Entscheidungsproblem und sammelt mit Hilfe seines Personals Entscheidungsalternativen. Anschließend entscheidet er sich für die von ihm favorisierte.

- **Delegativ:** Beim delegativen Entscheidungsverhalten präsentiert die Führungskraft den Mitarbeitern das Entscheidungsproblem und legt den Entscheidungsrahmen fest. Im Folgenden trifft die Gruppe die Entscheidung.

- **Demokratisch:** Der Vorgesetzte übernimmt die Rolle des Koordinators, gibt einen breiten Entscheidungsrahmen vor und überlässt die Entscheidung seinen Mitarbeitern.[15]

3.2.2 Mehrdimensionale Führungsansätze

Das Verhaltensgitter von Blake und Mouton aus dem Jahr 1964 unterscheidet zwischen den Dimensionen:

- Mitarbeiter- und Beziehungsorientierung, sowie
- Sach- und Aufgabenorientierung.

Bei der Mitarbeiterorientierung steht allein der Mensch per se, mit seinen Wünschen und Anliegen und sein Verhältnis zum Vorgesetzten im Mittelpunkt. Bei der Aufgabenorientierung geht es ausschließlich um die Mitarbeiterleistung und Zielerreichung, worauf der Vorgesetzte besonderen Wert legt.

---

[15] EICHHOLZ (2000): 78.

Abbildung 3: Verhaltensgitter nach Blake und Mouton[16]

- 1.1.-Führungsstil: Bekannt als Überlebens-Management gilt es als das schlechteste Führungsverhalten, da die Führungskraft weder auf eine Zielerreichung, noch auf zwischenmenschliche Belangen seiner Mitarbeiter wert legt.
- 9.1.-Führungsstil: Beim Befehlsmanagement stehen Arbeitsergebnisse im Vordergrund. Der Vorgesetzte erwartet von seinen Mitarbeitern, dass sie persönliche Bedürfnisse zurückstellen.
- 1.9.-Führungsstil: Der Vorgesetzte legt bei Anwendung der Glacéhandschuhmethode seinen Fokus auf zwischenmenschliche Beziehungen und setzt sich dabei nicht mit der Zielerreichung auseinander.
- 5.5.-Führungsstil: Führungskraft achtet auf eine Ausgewogenheit zwischen Arbeitsleistung und Berücksichtigung der Mitarbeiterwünsche. Dieser Stil ist unter der Bezeichnung „Organisationsmanagement" bekannt.
- 9.9.-Führungsstil: Beim sogenannten Teammanagement findet man begeisterte Mitarbeiter vor, die sich durch eine hohe Arbeitsleistung auszeichnen und gemeinsam, mit dem Vorgesetzten Ziele verfolgen.[17]

---

[16] KNECHT (2011): 77.
[17] KNECHT (2011): 77-78.

3.3. Systemtheoretische Ansätze (1951)

Ludwig von Bertalanffy strebte 1951 eine allgemeine Systemtheorie an, mit dem Ziel eine für alle Systeme geltende Theorie aufzustellen. Als einheitliche Methodologie unterschiedlicher Forschungsansätze soll sie eine praktische Anwendung auf alle Arten von Managementproblemen ermöglichen. In Anbetracht des organisationssoziologischen Systemansatzes beschrieb Talcott Parsons 1951 in seinem Werk „The social system" das System als zwischenmenschliches Verhaltensgefüge, dessen Teile in Interpendenz zueinanderstehen. Die Führungskraft, als Teil des Systems, agiert in diesem Zusammenhang als Motivator und arbeitet konstruktiv mit Mitarbeitern zusammen.

Eine Weiterentwicklung der Systemtheorie erfolgt durch den deutschen Soziologen Niklas Luhmann, 1968, der eine Reduktion von Komplexität mittels fünf Reduktionsstrategien formulierte: Subjektivierung, Institutionalisierung, Umweltdifferenzierung, Innendifferenzierung und Flexibilisierung der Systemstruktur.[18]

3.4. Situative Ansätze (1969) und Kontingenztheorie (1978)

Situative Führungsansätze unterliegen der Annahme, dass sich das Führungsverhalten an Erwartungen individuell anpassen muss. Somit muss sich der Vorgesetzte je nach Zeitpunkt, Problemlage und Mitarbeiter anders verhalten. Das Führungsverhalten wird also flexibel und in Abhängigkeit von der jeweiligen Situation gewählt. Die Rolle der Führungskraft ist demnach wechselnd.

Das Bereitschaftsgrad-Modell der Führung von Paul Hersey und Kenneth H. Blanchard aus dem Jahr 1969 unterscheidet hierbei drei Dimensionen situativer Führung: Aufgabenorientiertes Führungsverhalten, beziehungsorientiertes Führungsverhalten und den Bereitschaftsgrad. Der Bereitschaftsgrad beschreibt das Können und Wollen der Mitarbeiter um geforderte Aufgaben zu erfüllen.[19]

Die Kontingenztheorie wurde 1978 von Fred Edward Fiedler geprägt und wird den situativen Führungsansätzen zugerechnet. Unter Kontingenz versteht er die Abhängigkeit des Führenden von situativen Einflussfaktoren, die das Führungsverhalten beeinflussen. Weiter stellte er fest,

---

[18] STAEHLE (1999): 46-47.
[19] HENTZE, KAMMEL, LINDERT (1997): 299-307.

dass kein allgemeingültiger Führungsstil existiert, da verschiedene Führungsstile in unterschiedlichen Situationen ungleichartig effizient sind.[20]

3.5. Transaktionaler Führungsansatz (1985)

Im Fokus des transaktionalen Führungsansatzes steht die Analyse der dynamischen Beziehung zwischen Führungskraft und Geführten. In diesem Fall hat der Vorgesetzte ergebnisorientierte Aufgaben wie zum Beispiel:

- Vereinbarung klarer Ziele
- Analyse der Verträglichkeit von Betriebs- und Mitarbeiterzielen
- Berücksichtigung von Aufgabenneigungen
- Stärkung der Erfolgserwartungen der Mitarbeiter
- Förderung wichtiger Fähigkeiten
- Gestaltung einer produktionsfördernden Arbeitssituation
- Belohnung bei Zielerreichung

gegenüber seinen Mitarbeitern zu erfüllen.[21] Jedoch unterliegt dieser Führungsansatz einer wechselseitigen Beeinflussung von Mitarbeiter und Vorgesetzten, wodurch die transaktionale Führung einen Verhandlungsprozess thematisiert. Im Zuge dessen begründete Oliver E. Williamson 1985 die Transaktionskostentheorie mit der Erkenntnis, dass bei jeder Transaktion kosten entstehen, die es gilt mit niedrigen Kosten und hoher Effizienz, optimal zu lösen.

3.6. Transformationaler Führungsansatz (1985)

Bei der transformationalen Führung übernimmt der Vorgesetzte maßgeblich die Rolle des Motivators und Coaches, mit dem Ziel seine Mitarbeiter durch attraktive Visionen und positive Beeinflussung intrinsisch zu motivieren. Wie Bernard M. Bass 1985 in seinem Werk „Leadership and performance beyond expectations" ausführlich erläuterte, ist eine enthusiastische Führungskraft mit persönlicher Ausstrahlung von Vorteil, die im besten Fall als Identifikationsfigur dient. Des Weiteren erhöhen geistige Anregungen und eine individuelle Mitarbeiterführung die Erfolgschancen für eine Leistungssteigerung des Mitarbeiterteams. Demzufolge

---

[20] HENTZE, KAMMEL, LINDERT (1997): 214-319.
[21] BERTHEL; BECKER (2013): 181.

wird im Zuge des transformationalen Führungsansatzes auch von einer Werte- und zielveränderden Führung gesprochen. Die Führungskraft kann als Dienstleister und Vertrauter charakterisiert werden.[22]

3.7. Charismatischer Führungsansatz (1987)

Der charismatische Führungsansatz reicht bis zu Max Weber zurück und wurde besonders in den 1980er Jahren populär und beispielsweise durch Jay A. Conger und Rabindra N. Kanungo 1987 weiterentwickelt und konkretisiert.

Bei charismatischem Führungsverhalten steht der Vorgesetzte im Mittelpunkt. Die Mitarbeiter-führung ist geprägt vom Charisma und der Persönlichkeitseigenschaften des Führenden. Gerade in Krisensituationen und anstehenden großen Veränderungen erwies sich die charismatische Führung in empirischen Untersuchungen als besonders effizient. Hierbei führt der Führungsstil zu Vertrauen und der Mitarbeiteridentifikation mit den Zielen und Visionen der charismatischen Führungskraft.[23] Als in besonderem Maße charismatisch gelten unter anderem Martin Luther King, Mahatma Gandhi und Steve Jobs.

---

[22] HENTZE, KAMMEL, LINDERT (1997): 363.
[23] BERTHEL; BECKER (2013): 186.

Literaturverzeichnis

BERTHEL, Jürgen; BECKER, Fred G. (2012), Personal-Management. Grundzüge für Konzeptionen betrieblicher Personalarbeit. 10. Auflage. Stuttgart.

BUCHENAU, Peter (2017), Chefsache Frauen II: Frauen machen Frauen erfolgreich. Wiesbaden.

EICHHOLZ, Reinhold E. (2000), Controller. Unternehmens- und Mitarbeiterführung. 2. Auflage. München.

GERDTS, Matthias; LEMPIO, Frank (2011), Mathematische Verfahren des Operation Research. Berlin, New York.

HEINEN, Edmund (1984), Betriebswirtschaftliche Führungslehre. Grundlagen-Strategien-Modelle. 2. Auflage. Wiesbaden.

HENTZE, Joachim; KAMMEL, Andreas; LINDERT, Klaus (1997), Personalführungslehre. Grundlagen, Funktionen und Modelle der Führung. 3. Auflage. Bern, Stuttgart, Wien.

KNECHT, Marita (2011), Kommunikation und Führung für HR-Fachleute. Eine praxisorientierte Darstellung mit Repetitionsfragen und Antworten sowie Minicases. Zürich.

SCHERM, Ewald; PIETSCH, Gotthard (2007), Organisation. Theorie, Gestaltung, Wandel. München, Wien.

STAEHLE, Wolfgang H. (1999), Management. 8. Auflage. Hamburg, Berlin.